Este libro le pertenece a:

....

Copyright © BPA Publishing Ltd 2020

Autora: Pip Reid

Ilustrador: Thomas Barnett

Director creativo: Curtis Reid

www.biblepathwayadventures.com

Gracias por apoyar a Bible Pathway Adventures®. Nuestra serie de aventuras ayuda a los padres a enseñarles a sus hijos sobre la Biblia de una forma divertida y creativa. Diseñada para toda la familia, la misión de Bible Pathway Adventures es reintroducir el discipulado en los hogares de todo el mundo. ¡La búsqueda de la verdad es más divertida que la tradición!

Los derechos morales de la autora y el ilustrador han sido declarados. Este libro está protegido por copyright.

ISBN: 978-1-7772168-8-7

La huida de Egipto

Moisés y las diez plagas

"Dios dijo: He visto cómo Egipto está oprimiendo a mi pueblo y he oído su clamor…" (Éxodo, 3:7)

Cuando los hebreos llegaron a Egipto por primera vez, tuvieron una vida agradable. José, hijo de su líder Jacob, era un buen amigo del faraón. Pero tras la muerte de este, sus sucesores no mostraron afecto hacia los hebreos. Los faraones hacían que los israelitas trabajaran muy duro, cada vez más y más; y estos clamaban a Yahweh, el Dios de Abraham, Isaac y Jacob, para que los salvara:

"¡Dios, por favor, no te olvides de tu pueblo! ¡Sálvanos de este faraón malvado!".

Aunque no lo parecía, todo formaba parte de un plan divino. Dios no se había olvidado de la promesa que le había hecho a Abraham de convertir al pueblo hebreo en una gran nación. Aunque Dios había permitido que los egipcios tomaran a los israelitas como esclavos, también tenía un plan para liberarlos; lo protagonizaría un bebé llamado Moisés, quien siendo adulto guiaría al pueblo hebreo fuera de Egipto.

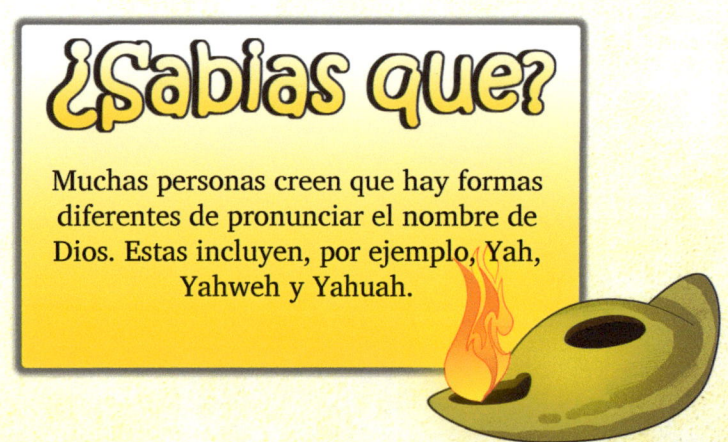

¿Sabías que?

Muchas personas creen que hay formas diferentes de pronunciar el nombre de Dios. Estas incluyen, por ejemplo, Yah, Yahweh y Yahuah.

Moisés nació en una época en la que el faraón mataba a los niños hebreos. Por aquel entonces nacían más niños hebreos que niños egipcios, y el faraón tenía miedo de que, cuando crecieran, los pequeños israelitas pudieran unirse a sus enemigos.

"Los hebreos tienen muchos hijos", dijo el faraón a las comadronas. "Si una mujer hebrea da a luz a un niño, matadlo. Si es una niña, dejadla vivir".

La madre de Moisés oyó hablar de la nueva ley del faraón. *"El faraón no me quitará a mi hijo"*, decidió. Se le ocurrió un plan ingenioso para salvar la vida a su hijo varón antes de que los hombres del faraón pudieran encontrarlo: lo acostó en una cesta bien trenzada y lo dejó entre los juncos del río Nilo.

Más tarde ese mismo día, mientras la hija del faraón se bañaba en el Nilo, descubrió un bebé en una canasta a la orilla del rio. "Debe de ser uno de los niños hebreos", se dijo. Contempló a la pequeña criatura y pensó: "Es muy hermoso. Quizás debería quedármelo".

La hermana de Moisés, Miriam, se había quedado vigilando un poco más allá para averiguar qué pasaría con su hermano. Rápidamente salió de su escondite y se dirigió a la hija del faraón: "Princesa, ¿quiere que le consiga una mujer hebrea para que amamante al bebé?".

Miriam corrió a buscar a su madre, quien era la mujer perfecta para cuidar a Moisés. La hija del faraón estaba contenta de tener a una mujer hebrea para que cuidara a su bebé. Cuando Moisés creció un poco, su madre lo llevó a vivir con la princesa.

¿Sabias que?

El nombre de "Moisés" significa "extraer", porque él fue sacado del agua.

Moisés creció en el palacio real como el nieto del faraón. Usaba ropas finas, comía las mejores viandas y tenía los maestros más inteligentes. Los sirvientes se inclinaban ante él y los hombres egipcios le temían.

¡La vida en palacio era más divertida de lo que habría sido una existencia de esclavo!

Mientras tanto, los hebreos eran forzados a trabajar muy duro. Todos los días sudaban bajo el tórrido sol egipcio sembrando cultivos, erigiendo estatuas y elaborando ladrillos con barro y paja.

Un día, siendo ya Moisés un hombre hecho y derecho, descubrió que era hebreo. Fue a visitar a su auténtica familia, que vivía en un lugar de Egipto llamado Gosén. Mientras contemplaba cómo los esclavos fabricaban ladrillos de barro, vio a un hombre egipcio golpear a un hebreo.

El corazón de Moisés se llenó de cólera: "¡Cómo te atreves a golpear a ese esclavo!", le gritó. Moisés mató al egipcio y enterró su cuerpo en la arena. Al día siguiente, Moisés volvió al mismo lugar y vio a dos hombres hebreos peleando el uno con el otro. "¿Por qué golpeas a tu amigo?", le preguntó a uno de ellos. Este replicó: "¿Quién eres tú para decirme qué debo hacer? ¿Me matarás como mataste al egipcio?".

El corazón de Moisés se estremeció. ¿Quién más sabía que había matado a un egipcio?

Cuando el faraón se enteró de lo que Moisés había hecho, ordenó, furioso: "¡Encontradlo y acabad con él!". Moisés sabía que estaba en problemas. Huyó hasta una localidad llamada Madián, lejos del palacio del faraón.

Una mañana, Moisés estaba sentado en el borde de un pozo en Madián, con la mirada perdida a la distancia. *"Estoy en graves problemas"*, reflexionó amargamente. *"Nunca podré regresar a Egipto"*. Justo entonces, llegaron las siete hijas de Jetro, un sacerdote madianita, en busca de agua para las ovejas de su padre. Un grupo de pastores trató de asustarlas, pero Moisés se irguió y los echó de allí.

Cuando llegó a oídos de Jetro el relato de cómo Moisés había protegido a sus hijas, lo invitó a comer con su familia. "Moisés, has hecho algo muy bueno por esta familia", afirmó Jetro agradecido. Y añadió: "¡Te daré en matrimonio a mi hija mayor, Séfora!".

Las hermanas de Séfora aplaudieron. Estaban muy contentas porque su hermana se iba a casar, y se retiraron todas juntas para preparar la boda.

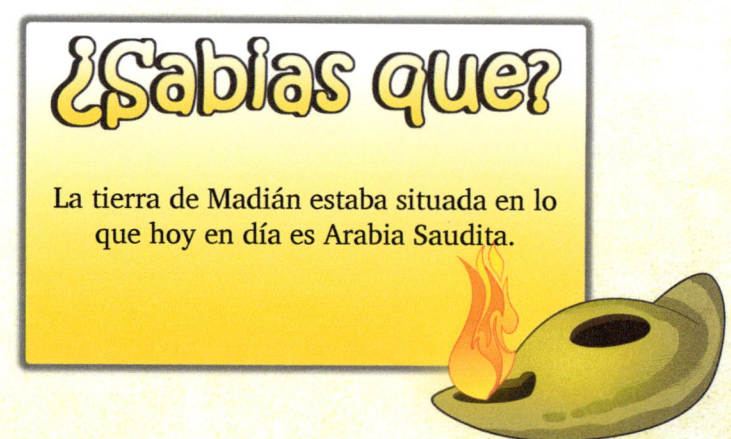

¿Sabías que?

La tierra de Madián estaba situada en lo que hoy en día es Arabia Saudita.

Esa semana, el poblado vibró de emoción por el matrimonio de Séfora. Jetro invitó a todos sus amigos y vecinos a la ceremonia nupcial. La gente cantó y bailó, y la fiesta se prolongó durante todo el día y toda la noche. Y, desde ese momento, Moisés y Séfora compartían casa con la familia de Jetro.

Todos los días, Moisés sacaba las ovejas y las cabras de su suegro a pastar al desierto. Aquélla no era la existencia que Moisés había planeado, pero cuarenta años en el desierto le dieron mucho tiempo para estar en compañía de Dios. Había crecido como un príncipe en el palacio del faraón y ahora era un pastor en el desierto. *"Vivo en medio de la nada",* se dijo Moisés. *"¿Qué estará planeando Dios?".*

En Egipto, las cosas empeoraban para el pueblo hebreo. Pero Dios no había olvidado su promesa, la que había realizado a Abraham, Isaac y Jacob. Dios había visto lo duro que los hebreos trabajaban y sabía exactamente qué hacer para liberarlos.

Un día, cerca de una montaña llamada Sinaí, Moisés descubrió una zarza que estaba en llamas, pero sin consumirse. *"Esto es muy extraño"*, pensó Moisés, quien decidió examinarlo de cerca. Para su sorpresa, Dios le habló desde el interior de la zarza.

"Moisés, no te acerques más. Estás pisando tierra sagrada. Soy el Dios de Abraham, Isaac y Jacob", retumbó una voz. Las rodillas de Moisés comenzaron a temblar. Se quitó las sandalias y se cubrió la cara con sus manos.

"Moisés, he visto lo mal que tratan a mi pueblo en Egipto", dijo Dios. "Quiero que te presentes ante el faraón y le pidas que deje ir a Mi gente". La idea no atraía demasiado a Moisés. "¿Por qué enviarme a mí?", gimió, vislumbrando la zarza en llamas a través de sus dedos. "¡No soy importante, y además soy un hombre buscado! ¡El faraón no creerá ni una palabra de lo que le diga!".

¿Sabías que?

Dios reveló su nombre a Moisés desde la zarza ardiente. Muchos estudiosos hebreos de la actualidad creen que fue Yahweh, Yahoveh, Yahuah o uno similar.

"Escúchame", dijo Dios, "no tienes nada que temer. Voy a castigar a los egipcios, pero protegeré a mi pueblo. Cuando lo hayas conducido fuera de Egipto, regresen aquí y adórenme en esta montaña".

Para que los hebreos creyeran a Moisés, Dios le enseñó cómo hacer señales y prodigios. "¡Tira al suelo lo que tienes en tu mano!", le ordenó Dios. Moisés dejó caer su bastón de madera, que al tocar la tierra se convirtió en una víbora. Los ojos de Moisés casi se le salían de las órbitas. Contempló el cayado con gran asombro.

Sin embargo, Moisés aún estaba preocupado: "Yo no sé expresarme bien. ¿No puedes enviar a otra persona?". Dios se enfureció: "¿No tienes un hermano, de nombre Aarón? Él es bastante buen orador. Lo enviaré contigo. Tú puedes hablar por Mí, y tu hermano puede hablar por ti". Moisés suspiró y se rascó la barba. No había manera de librarse de la tarea que Dios le había encomendado.

Moisés y su familia partieron a Egipto. Pronto, Aarón fue a su encuentro. Dios le había ordenado que se uniera a Moisés en el desierto. Moisés le contó todo lo que Dios había dicho y le explicó las señales que le había mandado realizar. Aarón miró el bastón de Moisés con incredulidad, pero después se quedó con los ojos como platos.

Tras varios meses de viaje a través del desierto, Moisés y Aarón llegaron a Egipto. Aarón habló con los líderes hebreos mientras Moisés ejecutaba las señales para que todos pudieran contemplarlas. La gente saltaba y bailaba de alegría.

Al día siguiente, Aarón y Moisés tomaron el bastón de madera y subieron los escalones del palacio del faraón. Moisés quería que el monarca egipcio comprendiera el mensaje de Dios, así que dejó que Aarón hablara. Aarón respiró profundamente y se inclinó ante el faraón: "Dios desea que dejes ir a Su pueblo, para que conozca Sus designios y le rinda culto".

Pero Dios le había endurecido el corazón del faraón y éste se mostró obstinado: "¿Quién es este Dios de los hebreos? No lo conozco y no voy a dejar que nadie se vaya. ¡Necesito que trabajen para mí!". El faraón habló con los capataces. "No deis nada de paja a estos hebreos perezosos", les ordenó. "Ellos mismos pueden buscársela. Aun así, deben elaborar la misma cantidad de ladrillos que antes".

Los esclavos hebreos se enojaron mucho con Moisés. "¡Gracias a ti, el faraón nos obliga a trabajar más aún! ¡Has hecho que nuestras vidas sean peores!", se quejaron. Moisés levantó la mirada al cielo. "Dios, ¿por qué me has enviado?", preguntó. "¡El faraón está empeorando las cosas! ¡No has ayudado a Tu gente en absoluto!".

"Espera un poco", repuso Dios. "Muy pronto el faraón se alegrará al ver a los hebreos marcharse. Ahora, ve y dile al faraón que deje ir a Mi pueblo".

¿Sabías que?

La palabra "plaga" viene de la palabra hebrea "oth", que significa señal milagrosa, presagio o advertencia.

Aarón y Moisés se presentaron de nuevo ante al faraón y le comunicaron lo que Dios había dicho. Pero el faraón se cubrió sus oídos y comenzó a reírse. Entonces, Aarón levantó el cayado y convirtió el agua del Nilo en sangre. Todos los peces murieron y los egipcios no podían beber del rio.

El faraón echó su cabeza hacia atrás, riendo: "Mis magos pueden hacer lo mismo". Llamó a los hechiceros, que convirtieron el agua del palacio en sangre. No podía igualarse a lo que Dios había hecho, pero era suficiente para el faraón.

Entonces, Dios hizo que millones de ranas salieran del río. Se colaron en las casas de la gente y se metieron bajo sus camas. ¡Cómo apestaban! Los brujos egipcios también hicieron que aparecieran ranas, pero después no podían lograr que se fueran. "¡Moisés, haz que esas ranas desaparezcan!", exigió el faraón. "Si lo haces, dejaré que tu pueblo se marche". Pero cuando todas las ranas estuvieron muertas, el faraón cambió de idea. "Los esclavos deben quedarse en Egipto".

La vida era dura para los egipcios, pero el corazón del faraón se mantenía duro. Así que Dios dijo a Moisés: "Haz que Aarón que golpee la tierra con el bastón y convertiré el polvo en piojos". Aarón hizo lo que le pedían y los piojos infestaron la tierra de Egipto. El faraón no podía dejar de rascarse la cabeza. ¡Aquellos piojos picaban mucho!

Los sacerdotes egipcios trataron de utilizar su magia para hacer que aparecieran piojos, pero no lo consiguieron. "Esto debe de haber sido obra del Dios hebreo", le dijeron al faraón. Pero el faraón no escuchó y no dejó marchar a los hebreos.

Seguidamente, Dios envió una nube de moscas sobre la tierra de Egipto, a excepción del lugar donde vivían hebreos. Las moscas zumbaban por el palacio y alrededor de la cabeza del faraón. Los egipcios trataban de escapar de las moscas, pero las moscas los seguían por todos lados. La vida no era divertida para los habitantes de Egipto.

Testarudo y orgulloso, el faraón se negó a dejar que los hebreos se marcharan. Entonces, Dios envió una plaga sobre los animales de los egipcios. Cuando los egipcios se despertaron la mañana siguiente, sus burros y su ganado yacían sin vida en el suelo. "¡¿Cómo es posible que ninguno de los animales de los hebreos haya muerto?!", exclamó el faraón con voz de trueno.

Entonces Dios dijo a Moisés y a Aarón: "Coged cenizas de una hoguera y lanzadlas al aire delante del faraón". Moisés hizo lo que Dios le pidió y tanto los egipcios como sus animales quedaron cubiertos por llagas. ¡El dolor era insoportable!

Los magos del faraón ni siquiera podían mantenerse en pie porque estaban cubiertos por feas llagas rojas, al igual que el resto de los ciudadanos. Apretaban los dientes y se rascaban las piernas, lamentándose: "¿Por qué nuestros dioses no nos pueden ayudar?". Dios protegía a Su pueblo: ninguno de los hebreos de Gosén tenía llagas.

¿Sabías que?

Se ha encontrado evidencia del asentamiento hebreo en la zona conocida como la tierra de Gosén. Los arqueólogos han descubierto restos de burros, cerámica y armas.

La vida se volvió cada vez más dura para los egipcios. Más tarde, Dios envió una gran tormenta de granizo. Los relámpagos se sucedían y los truenos retumbaban en el cielo. Bolas de granizo del tamaño de piedras llovieron sobre los egipcios, arrasándolo todo.

Pero el granizo no destruyó nada en Gosén, donde vivían los hebreos. ¡Fue la tormenta de granizo más extraña que los egipcios habían visto!

El faraón se apretó la cabeza con las manos y pidió a Moisés: "Haz que pare y dejaré que el pueblo hebreo se marche". Pero una vez cesaron el granizo y los truenos, el faraón cambió de parecer. Su corazón aún estaba endurecido y no permitió irse a los hebreos. Los sirvientes del faraón le rogaban que reconsiderara su decisión: "¡No soportamos estas plagas! ¿No puede ver que Egipto está siendo destruido? ¿Por qué no deja que los hebreos se marchen y adoren a su Dios?".

El faraón pensó acerca de lo que sus sirvientes le habían dicho y propuso un trato a Moisés: "Marchad a adorar a vuestro dios. Pero llévate solo a los hombres". Moisés suspiró y negó con la cabeza. Sabía que aquello no era lo que Dios quería y que no tardaría en enviar otra plaga.

Efectivamente, Dios envió un viento muy fuerte que sopló todo el día y toda la noche. A la mañana siguiente, el viento trajo una nube de langostas. ¡Las langostas volaban por todo Egipto, devorando los cultivos, los árboles e incluso el césped! ¡Las insaciables langostas se comieron todo lo que era verde!

Después, Moisés extendió su mano y Egipto se sumió en tinieblas durante tres días. La gente no podía salir de sus casas debido a la oscuridad. Todo estaba tan negro como la boca de un lobo. Pero los hebreos tenían luz allá en Gosén. Sintiendo pena por sí mismo, el faraón se sentó en la oscuridad: "¿Por qué me sucede todo esto?". Pero su corazón se mantenía endurecido y no permitió que los hebreos se marchasen.

Finalmente, Dios se cansó del comportamiento terco del faraón. Dijo a Moisés: "Traeré una última plaga. A medianoche, mataré a todos los primogénitos de Egipto, tanto niños como animales. Ninguno escapará. Pero si los hebreos hacen lo que Yo diga, se librarán. Después de esto, el faraón les permitirá marcharse".

Esa noche, Dios ordenó que los hebreos pintaran una señal con sangre de cordero en las puertas de los hogares hebreos. La señal los protegería. Aquella sangre los salvaría de la última plaga de Dios. No podían saber que aquella señal hacía referencia a su futuro Mesías.

Justamente antes de la medianoche, una neblina se coló en las viviendas de los egipcios. Todos los primogénitos varones murieron, tal como Dios había anunciado.

¿Sabías que?

Yeshua fue crucificado en la Pascua. La sangre que colocaron los hebreos en sus puertas anunciaba la sangre que representaría Su sacrificio por la humanidad.

El faraón estaba destrozado. Hizo llamar a Moisés y a Aarón: "Marchaos de aquí y llevaos al pueblo hebreo con vosotros. Aseguraos de que se llevan todas sus pertenencias. No quiero verlos nunca más". Moisés dio una palmada a Aarón en la espalda: "¡Dios nos ha concedido una gran victoria!".

Rápidamente, los hebreos juntaron su pan sin hornear y todas sus posesiones. Entonces les dijeron a los egipcios: "Dadnos vuestras joyas de oro y plata". Los egipcios solamente querían que los hebreos se marcharan. Se quitaron sus joyas y se las entregaron. "Estamos cansados de vuestro dios y Sus plagas", gimieron. "¡Marchaos para siempre!".

Llenos de emoción, los hebreos y sus amigos siguieron a Moisés desde Gosén hacia el desierto. Había sido una época muy larga y difícil, pero ahora su doloroso sufrimiento se había acabado. "Dios nos ha librado del faraón", cantaba la gente. "¡Por fin somos libres!".

FIN

¿Sabías que?

Cuando Moisés y los hebreos salieron de Egipto, se llevaron los huesos de José con ellos. (Éxodo 13:19)

¡Prueba tu conocimiento!
(Empareja la pregunta con la respuesta correcta en la parte de abajo de la página)

PREGUNTAS

¿Cuál fue la primera plaga? ....

¿Cuáles plagas pudieron copiar los magos egipcios? ....

¿Cuál fue la cuarta plaga? ....

¿Para cuál plaga se usaron cenizas? ....

¿Qué libro de la Biblia menciona las plagas? ....

¿Cuál fue la última plaga? ....

¿Cuántas plagas envió Dios sobre Egipto? ....

¿Quién endureció el corazón del faraón después de la plaga de langostas? ....

¿Qué les dijo Dios a los hebreos que hicieran para librarse de la plaga final? ....

¿Los huesos de quién se llevó Moisés cuando salió de Egipto? ....

RESPUESTAS

1. El agua se tornó sangre
2. Ranas, y convertir el agua en sangre
3. Moscas
4. Llagas
5. Éxodo
6. Muerte del primogénito
7. Diez
8. Dios
9. Que marcaran sus puertas con sangre de cordero
10. José (Éxodo 13:19)

Completa la sopa de letras

PLAGAS — ZARZA
EGIPTO — RANA
MOISÉS — GOSÉN
HEBREOS — PASCUA
FARAÓN — AARÓN

```
Z D J T E H K G W M
T A A D F E F G R O
E N R O V B G P G I
U G T Z Y R V L A S
H F I H A E Z A A É
J W G P V O R G R S
M F C Q T S A A Ó T
G O S É N O N S N D
F A R A Ó N A E T C
G P A S C U A Z X P
```

Bible Pathway Adventures®

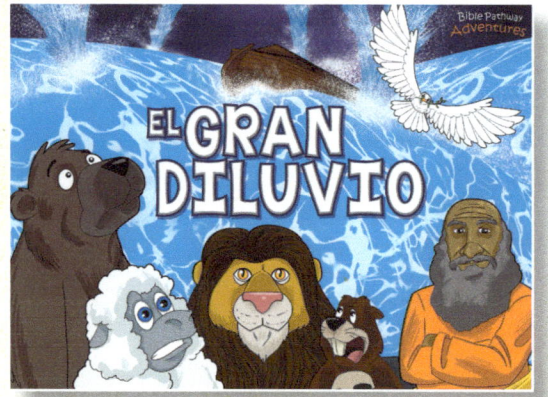

Tragado por un pez

El Gran Diluvio

Enfrentándose al Gigante

El Nacimiento del Rey

Traición al Rey

El Rey Resucitado

¡Naufragio!

Vendido como Esclavo

Arrojado a los Leones

Salvado por un Asno

La Novia Elegida

Sansón, el guerrero poderoso

El Éxodo

¡Descubre más historias de la Biblia de Bible Pathway Adventures!

Consulte los libros de actividades de Bible Pathway Adventures

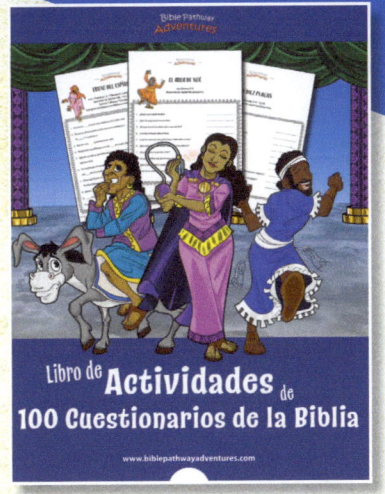   

IR A

www.biblepathwayadventures.com

www.ingramcontent.com/pod-product-compliance
Lightning Source LLC
Chambersburg PA
CBHW040127120526

44589CB00028B/65